女を磨く161の言葉

DISCOVER CREATIVE

Discover
ディスカヴァー

目次

〔……〕は中略、カッコ内は現代語訳です。

第1章　心

001

涙で目が洗えるほどたくさん泣いた女は
視野が広くなる。

ドロシー・ディックス
Dorothy Dix

002

叩かれたからといって、へこんでしまう必要はないわ。
あれだけ叩いて卵を泡立ててもケーキはふくらむもの。

メアリー・ジョンストン
Mary Johnston

003

許すことは忘れることとは違う。
つらい記憶を水に流し、心の痛みを手放すことなのです。

メアリー・マクロード・ベシューン
Mary McLeod Bethune

私は非常に希望を持っているんです。
辛酸をなめた時代を通ってくる人は立ち上がれる。
やっぱり人間が落剝《らくはく》の味をなめて泣くだけ泣かなきゃ、
いい人間になれませんよ。
わたしはそう思ってますね。
泣いたことのない人間は、いやらしいし、こわいし、つまらない。
泣くだけ泣かなきゃいい人間になれませんよ。

林芙美子
Hayashi Fumiko

005

暗闇を呪うのはやめて、ローソクに灯をともしましょう。

エレノア・ルーズベルト
Eleanor Roosevelt

すべての悲しみは物語。
そう思えば、きっと耐えることができます。

アイザック・ディネーセン
Isak Dinesen

007

失敗をさほど深刻に受け止めずに済むようになったなら、
それは失敗を恐れなくなったということ。
笑いとばせるようになることはとても大事。

キャサリン・マンスフィールド
Katherine Mansfield

008

困難に直面しても
ヒステリックにならずに笑い飛ばせる女は
何者にも二度と傷つけられることはない。

ドロシー・ディックス
Dorothy Dix

すべての鍵は忍耐にあります。
ひよこは卵をじっくり孵《かえ》すことで生まれてくるんですから。
卵を割ることでは何も得られません。

エレン・グラスゴー
Ellen Glasgow

010

熱いお風呂で癒やせないものなんて、ほとんどない。

シルヴィア・プラス
Sylvia Plath

011

私は自分ってものをどんな場合にも捨てられない、
自分は自分だわ。
逢い度《た》くなったら逢うし、逢い度《た》くなければ逢わずにいるわ。

高村智恵子
Takamura Chieko

012

人を思いやり、いつも献身的でいることはとても素晴らしいこと。
でも、度を越さないようにしないと、自分を見失ってしまう。

ジョージ・エリオット
George Eliot

013

痛いのに黙っていたら
奴らはあなたを殺し
それをあなたが喜んでいたと言い張るでしょう。

ゾラ・ニール・ハーストン
Zora Neale Hurston

愚か者は、危機が去った頃に用心するのです。

エリザベス1世
Elizabeth I

015

恐怖のなかで、なにかを為すのはとても難しい。

フローレンス・ナイチンゲール
Florence Nightingale

怒りの箒《ほうき》をつかんで、不安という猛獣を追い払おう。

ゾラ・ニール・ハーストン
Zora Neale Hurston

017

純粋で穢《けが》れのない良心は何物をも恐れない。

エリザベス1世
Elizabeth I

018

もっと真実に喰い入りたい、
もっと深くなりたい、
現在のようではどうしてもいけない。

相馬黒光
Souma Kokkou

私は理想を捨てません。
どんなことがあっても
人は本当に素晴らしい心を持っていると今でも信じているからです。

アンネ・フランク
Anne Frank

020

〝自由〟とは、人と違う考えを常に自由に持てるということだ。

ローザ・ルクセンブルク
Rosa Luxemburg

021

本当に物の根本をひとりで考えるほど
人間はずっと謙遜にならずにはいられない。

伊藤野枝
Noe Ito

022

真理とは、それが普遍性をもつときに初めてそう呼べるのであって
自分に当てはまるだけでは決して真理とは言えない。

アグネス・スメドレー
Agnes Smedley

023

退屈って、心を決める良い機会になるのよ。

シドニー＝ガブリエル・コレット
Sidonie-Gabrielle Colette

024

あなたがすごいと思うことでも、
世の中の半分の人はその良さが理解できないもの。

ジェーン・オースティン
Jane Austen

025

私らの内部の塵埃《ちりほこり》というのは、どういうものでしょうか。
人を憎んだり、あの人はこれこれだと勝手な推量をして、
とんでもないことを考えたりする。
そういうことは、みんな塵芥《ごみ》と同じことです。
私らの内部、心の中もほんとうに明窓浄几《めいそうじょうき》にして、
今日から勉強するようにしたい、私もそうしたいと思っています。

羽仁もと子
Hani Motoko

自分の醜い処《ところ》を覆おうとするような卑劣なまねは
子供に見せたくないと思います。

ただ醜い自分の欠点に対して自覚を持っていないと
子供に卑《いや》しまれると思います。

伊藤野枝
Ito Noe

第2章　生き方

027

美徳を以《もっ》て飾りと為す。

（私は美しい内面を飾りとして生きる）

新島八重
Niijima Yae

大切なのは自分が望んだように生きること。
そして、それを続けること。
お金があっても不幸な人生をおくるより、ずっと満足できるはず。

マージョリー・キナン・ローリングス
Marjorie Kinnan Rawlings

私が目指すのは、太陽の光に満ちたはるか彼方。
そこへ行きつくことはできなくても
空を見上げ、その美しさを目にすることはできます。
そこにあるものを信じ、光の導きに従うのです。

ルイーザ・メイ・オルコット
Louisa May Alcott

030

たった一日でもライオンでいたい。一生、羊でいるよりましだ。

エリザベス・ケニー
Elizabeth Kenny

031

ひとりの時間に、自分を取り戻すの。
キャリアは公の場で生まれるけれど、
才能は私生活から生まれるものだから。

マリリン・モンロー
Marilyn Monroe

032

ただ一つ内なるこえ、たましいに聞くことを
お忘れにならないよう。
この一事さえ確かならあらゆる事に
あなたを大胆にお放ちなさい。
それは最も旧《ふる》く最も新しい、
成長への唯一の人間の道と信じます故。

高村智恵子
Takamura Chieko

033

だれだって、ばかげたことをしてしまうときもあるわよ。
でも、どうせやるなら情熱をもってやりなさい。

シドニー＝ガブリエル・コレット
Sidonie-Gabrielle Colette

もう年をとっているからこんなことはできない、
そう思ったら今すぐやったほうがいい。

マーガレット・デランド
Margaret Deland

035

気性だけで生き抜いて来たとも思い、
絵を描くために生き続けて来たようにも思える。

上村松園
Uemura Shoen

人間は何事にせよ、
自己に適した一能一芸に深く達してさえいれば宜《よろ》しい。

与謝野晶子
Yosano Akiko

037

冒険は、それ自体に価値がある。

アメリア・メアリー・エアハート
Amelia Mary Earhart

創造は
過去と現在とを材料としながら新しい未来を発明する能力です。

与謝野晶子
Yosano Akiko

039

世界をよくするために
だれも一瞬たりともためらう必要がないなんて
なんと素晴らしいことでしょう。

アンネ・フランク
Anne Frank

平和は眠りを許さない。
地球のすべての男女の運命がそれにかかわっている。
最もまめな骨おしみをしない人類的事業の一つである。

宮本百合子
Miyamoto Yuriko

041

私は木の立つ姿が好きです。
だって、木々は自分たちの生きねばならぬ道に
ほかのものよりずっと素直に従っているから。

ウィラ・キャザー
Willa Cather

人間は地球を買ったのではなく借りているだけ。
好き勝手に扱うのではなくて、大切に愛するべき。

マージョリー・キナン・ローリングス
Marjorie Kinnan Rawlings

043

高い志と熱意を持ち、
少数だけでなく、より多くの人々との共感を持てれば、
どんなに弱い者でも事を成し遂げることができるでしょう。

津田梅子
Tsuda Umeko

不正と闘わずに惨めな死に方をするぐらいなら
闘って死ぬほうがいい。

アイダ・B・ウェルズ
Ida B. Wells

人を欺《あざむ》くことを考えるぐらいなら死んだほうがまし。

エリザベス1世
Elizabeth I

046

他人のためになけなしの財産を投げ出せる女は
貧乏なんて怖くない。

エラ・ウィーラー・ウィルコックス
Ella Wheeler Wilcox

私はいま、はっきりとわかった。
今の世では、苦学なんかして偉い人間になれる筈《はず》はないと云う事を。
いや、そればかりではない。
謂《い》うところの偉い人間なんてほど
くだらないものはないと云う事を。
人々から偉いと云われる事に何の値打ちがあろう。
私は人のために生きて居るのではない。
私は私自身の真の満足と自由とを得なければならないのではないか。
私は私自身でなければならぬ。

私は、あまりに多くの他人の奴隷となりすぎて来た。
あまりにも多く男のおもちゃにされて来た。
私は私自身を生きていなかった。

金子文子
Kaneko Fumiko

あらゆる婦人たちの心から、
それ自らを縛《いまし》めているこの貞操という奴隷根性を
引き抜かねばならぬと主張するものです。

伊藤野枝
Ito Noe

049

きちんと食事をしていない人は
よく考えることも、よく愛することも、よく眠ることもできない。

ヴァージニア・ウルフ
Virginia Woolf

人は幸せに必要な成分さえ知っていれば
自ら努力し満足できる。

その成分は、
シンプルな好みのもの、ある程度の勇気、適度な自己否定、
仕事への情熱、そしてなにより、清らかな心。

ジョルジュ・サンド
George Sand

世の中の習慣なんて、どうせ人間のこしらえたものでしょう。
それにしばられて一生涯自分の心を偽って暮すのは
つまらないことですわ。
私の一生はわたしがきめればいいんですもの、
たった一度きりしかない生涯ですもの。

高村智恵子
Takamura Chieko

ああ、習俗打破！　習俗打破！
それより他には私たちのすくわれる途《みち》はない。
呪い封じ込まれたるいたましい婦人の生活よ！
私たちはいつまでもいつまでもじっと耐えてはいられない。
やがて――、やがて――。

伊藤野枝
Ito Noe

053

女として私は国を持たない。
女として私は国を欲しない。
女としての私の祖国は全世界。

ヴァージニア・ウルフ
Virginia Woolf

男に自由があるように女にも自由がある。
是《こ》れが男女を通じて其《そ》の生活の根本である。
どう考えて見ても此《こ》の根本は動かない。

高村智恵子
Takamura Chieko

055

私がもしあの場合
処女を犠牲にしてパンを得ると仮定したならば
私はむしろ未練なく自分からヴァージニティを逐《お》い出してしまう。
そうして私はもっと他の方面に自分を育てるだろうと思う。
私はそれが決して恥ずべき行為ではないことを知っている。

伊藤野枝
Ito Noe

まだ現代の女性はイージーでセンチで安価な妥協をして了《しま》うのが多い。
異性に対し、もっと高貴で確かな潔癖を持って貰《もら》い度《た》い。
潔癖のない女ほど下等で堕落し易《やす》いものはない。
潔癖を持つ事は時に孤独な淋しさが身を噛む事もあるが、
恒《つね》に、もののイージーな部分にまみれないではっきりとして
客観的にものを観察出来て、
結局ロング・ランには正当に自己を処理させるに違いない。
私は現代女性の処世法を、
感覚の洗練から講じようとする態度が最も現代的だと信じている。

岡本かの子
Okamoto Kanoko

057

男性もお金も愛も、
なにもほしくはなかったの。
ただ演じる能力がほしかっただけ。

マリリン・モンロー
Marilyn Monroe

輝かしいわが主よ、女性になにができるのか私がお見せします。

アルテミジア・ロミ・ジェンティレスキ
Artemisia Lomi Gentileschi

059

なにより素晴らしいのは眠ること。
そうすれば、夢見ることができるから。

マリリン・モンロー
Marilyn Monroe

第3章　愛

彼と幸せでいたいのなら
彼を深く理解し、少しだけ愛すること。
彼女と幸せでいたいなら
深く愛し、決して彼女を理解しようとしないこと。

ヘレン・ローランド
Helen Rowland

愛されるだけでは足りない。
愛の言葉を浴びせてほしい。
静寂の世界は、お墓の中で十分に味わえるのだから。

ジョージ・エリオット
George Eliot

062

若いときの愛は心がこもっていない。
渇きにまかせて飲んで、酔ってしまうだけ。
年を重ねてからの愛は、まるでたがいの人生によって
熟成されたワインのよう。

アイザック・ディネーセン
Isak Dinesen

恋は尊とくあさましく無ざんなるものなり。

樋口一葉
Higuchi Ichiyō

064

愛は、魂を隠れ家からはい出させる。

ゾラ・ニール・ハーストン
Zora Neale Hurston

065

恋愛は最高の美容法。すべてを美しく変えるのです。

ルイーザ・メイ・オルコット
Louisa May Alcott

066

恋は、すぐに冷めてしまうから
温めたり、揺すったりしなくてはだめなの。

エディット・ピアフ
Édith Piaf

賢い女の子は、キスは許しても愛さない。
耳を傾けるけど信じない。
そして、捨てられる前に立ち去る。

マリリン・モンロー
Marilyn Monroe

男性の敬意を勝ち取ることのできる女性は、
男性をぶちのめして尻に敷くことができる女性でもある。

アグネス・スメドレー
Agnes Smedley

私は、わがままでせっかちで少し不安定。
ミスを犯すし、自分をコントロールできないときもある。
でも、もしあなたが私の最悪の時にきちんと扱ってくれないなら
私の最高の瞬間を一緒に過ごす資格はないわ。

マリリン・モンロー
Marilyn Monroe

070

恋とは苦い涙の代償を払うもの。

エディット・ピアフ
Édith Piaf

だれかと一緒にいるのに不幸でいるぐらいなら、
独りぼっちで不幸なほうがいいわ。

マリリン・モンロー
Marilyn Monroe

072

別れの激しい苦痛によってのみ、
その愛の深さを知ることができる。

ジョージ・エリオット
George Eliot

073

友情は、失恋の悲しみを
確実に温かく癒やしてくれる。

ジェーン・オースティン
Jane Austen

母親は息子を20年かけて育てるが、
ほかの女はその男を20分でバカにする。

ヘレン・ローランド
Helen Rowland

どんな男のひとと一緒になってみても
同じ事だろうと私が云うと、
「そんな筈《はず》ないわ、石鹸だって、
十銭と五十銭のじゃ随分品《しな》が違ってよ」と云うなり。

林芙美子
Hayashi Fumiko

076

結婚とは死にまでいたる恋愛の完成である。

高群逸枝

Takamure Itsue

信仰に富み、憐憫に富み、堪忍《たえしの》び、
人を容《よう》すの力すべて妾《わらわ》の学ぶべきこと計なり。

(信じること。憐れむこと。耐え忍ぶこと。人を包容する力。
これらすべては私が夫から学んだことでした)

新島八重
Niijima Yae

ひとり欠点ばかりでなく、
夫の自覚せずにいた長所は、
妻の働きによって発揮され、
妻の自身に知らなかった長所が、
夫のおかげでひきだされる場合がたくさんあるのです。

消極的に積極的に、
互いに感化しあい発達しあって、
ほんとうに大きく調和した夫婦になるのには、
多くの忍耐と努力がいるのでございます。

しかもその仕事は、
夫婦にとって実にたのしい事業なのです。

羽仁もと子
Hani Motoko

むしろ恋愛は結婚すれば猶更《なおさら》強くなろうと思う。
消えるなどと云う事はある筈がない。
然《しか》し其《そ》の結婚は単に世間的の形式に従わねばならないと
云う訳のものではない。
外に現れる形式等は個人の便宜にある事で、
問題となすべきではないと思う。

高村智恵子
Takamura Chieko

080

将来にわたっても絶対結婚しないとまでは言いませんが、
独身だという理由で他人にへんな眼で見られずに、
自分の道を進みたいと思います。

津田梅子
Tsuda Umeko

男は、好い気になつてお相手をしてゐれば
何所《どこ》までも野放面《のほうづら》なしに機嫌をとらせて、増長しますが、
一《ひ》とつぼんと頭から浴びせかければ、
直《す》ぐ小さくなつておどおどしてしまふ、
お山の大将で、家にゐれば大威張りの子供が、
外へ出るとすぐよその餓鬼大将にいぢめられて
ぴいぴいと泣くのと同じです。

「……」

男と云ふものは唯《ただ》単純な、
可愛らしいものに極めを付ける。

田村俊子
Tamura Toshiko

082

私をひとりの女性として愛さずに、
女王としての私を崇《あが》める夫は望みません。

エリザベス1世
Elizabeth I

結婚したって私は自分なんですもの。
私は私なんですもの。
恋と云ったってそれは人の為《ため》にする恋じゃないんですもの。
自分の恋なんですもの。

高村智恵子
Takamura Chieko

084

結婚によって得られる幸せなんて、
まったくの偶然の産物でしかない。

ジェーン・オースティン
Jane Austen

愛しあって夢中になっているときには、
お互いにできるだけ相手の越権を許してよろこんでいます。
けれども次第にそれが許せなくなってきて、
結婚生活が暗くなってきます。
［……］
そして、その歩の悪い役まわりをつとめるのは女なんです。

伊藤野枝
Ito Noe

086

女の性格がわかるのは恋が始まる時ではないわ。
恋が終わる時よ。

ローザ・ルクセンブルク
Rosa Luxemburg

離婚は、
「理解できなかった」のではなく、
「理解し始めた」ということ。

ヘレン・ローランド
Helen Rowland

088

大きな愛のあるところには、いつも奇跡が起こる。

ウィラ・キャザー
Willa Cather

愛だけが私たちが逝《い》くときに持ってゆけるものです。
それは、最期をとても安らかなものにしてくれるでしょう。

ルイーザ・メイ・オルコット
Louisa May Alcott

第4章　人間関係

いちいち説明せずとも分かり合える相手は
私にとってこのうえない安らぎそのもの。

キャサリン・マンスフィールド
Katherine Mansfield

思いやりと愛情をこめて用意した食事を
楽しい仲間と取ることは、心が温まり
たんなるカロリー以上の栄養になる。

マージョリー・キナン・ローリングス
Marjorie Kinnan Rawlings

092

火を鎮めるのは風ではなく水。
怒りをなだめるのは
荒れ狂う脅しではなく冷静な言葉。

アン・ブラッドストリート
Anne Dudley Bradstreet

嫌いだった人と親しくなれるとは、
なんとうれしいことでしょう。

シドニー＝ガブリエル・コレット
Sidonie-Gabrielle Colette

自分のことを正直に話す気がないなら
ほかの人のことについて、とやかく言うべきじゃない。

ヴァージニア・ウルフ
Virginia Woolf

忠誠と沈黙を確認できた相手でなければ
秘密を打ち明けてはなりません。

エリザベス1世
Elizabeth I

096

自分がやりたくないことをほかの人にやらせるのは、
フェアではありません。

エレノア・ルーズベルト
Eleanor Roosevelt

こちらが尽くせば尽くすほど、
自分ではなにもしなくなってしまう人種っているものよ。

ジェーン・オースティン
Jane Austen

098

幸せな人ってみんな、ほかの人のことも幸せにするものだわ。

アンネ・フランク
Anne Frank

きみが笑えば、世界はきみとともに笑う。
でも、きみが泣けば、きみはひとりきり。

エラ・ウィーラー・ウィルコックス
Ella Wheeler Wilcox

100

私には同情は期待できないんです。
群集の中で彼らと違った行動をするということは、
孤独に耐えねばならないということなんです。

津田梅子
Tsuda Umeko

もしだれかが一度だけあなたを裏切ったのなら
それは彼らに責任があります。
でも、もし彼らが二度もあなたを裏切るのなら
おそらくそれはあなたの責任です。

エレノア・ルーズベルト
Eleanor Roosevelt

劣等感は
自分以外のだれにもつくり出せるものではありません。

エレノア・ルーズベルト
Eleanor Roosevelt

103

自分自身が満たされていれば、
他人に対しても誠実で愛情深くなれます。

ジョージ・エリオット
George Eliot

104

私は自分を理解することで、他人を理解したい。
私はそうやって、なれるものすべてになりたい。

キャサリン・マンスフィールド
Katherine Mansfield

105

笑顔を浮かべれば、友達ができます。
しかめっ面を浮かべれば、しわができます。

ジョージ・エリオット
George Eliot

頭の悪い権力者は、
傷をつけるばかりで磨きをかけるには使えない
重いだけで切れ味の悪い斧《おの》みたいなものだ。

アン・ブラッドストリート
Anne Dudley Bradstreet

生きている限り
私という存在をコントロールするのは私。

アルテミジア・ロミ・ジェンティレスキ
Artemisia Lomi Gentileschi

108

そんなの不可能だと思ったとしても、
その不可能に向かって頑張っている人の邪魔はしてはいけない。

アメリア・メアリー・エアハート
Amelia Mary Earhart

友情には、礼儀という潤滑油を注ぐのが賢いやり方。

シドニー＝ガブリエル・コレット
Sidonie-Gabrielle Colette

110

どんな知識よりも助けになるのは、
見捨てないでいてくれる純真な哀れみ。

ジョージ・エリオット
George Eliot

第5章　仕事と成功

111

私にとっての〝成功〟は
人々がくれる称賛の中にあるのではなく
自分の理想が現実化していくという満足感の中にある。

アンナ・パヴロヴナ・パヴロワ
Anna Pavlovna Pavlova

112

どんな仕事をするかではなく
どんな姿勢で取り組むかが大切なのです。
小さな仕事に不満を持つ者は
大きな仕事を成し遂げることはできません。

エレン・グラスゴー
Ellen Glasgow

113

根をつめなければもっと健康的に生きられるかもしれないけれど
結局、人はだれしもが天職に命を捧げるものでしょう?

クララ・シューマン
Clara Schumann

丸うならねば、思う事は遂げられまじ。

（やりとげたいことがあるならば、ただ押し通すのではなく、柔軟な心で臨機応変に進めるのがよい）

樋口一葉
Higuchi Ichiyō

121

「知識」と「知恵」を混同してはいけません。
知識は生計を立てるのに役立ちますが、
知恵こそが人生の生きる糧《かて》となるのです。

エレノア・ルーズベルト
Eleanor Roosevelt

才能だけで成功することなんてできない。
才能は神が与えてくれる。
でも、才能ある人を天才に変えられるのは、努力なのよ。

アンナ・パヴロヴナ・パヴロワ
Anna Pavlovna Pavlova

115

怠けるって魅力的なことだけど
満足感を得たいならやっぱり働くことね。

アンネ・フランク
Anne Frank

もしも冬がなかったら、春の訪れはそれほど喜ばれない。
私たちも逆境を経験しなければ
成功をそれほどうれしく感じないだろう。

アン・ブラッドストリート
Anne Dudley Bradstreet

117

私が成功したのは――決して言い訳をしなかったからです。

フローレンス・ナイチンゲール
Florence Nightingale

もし決められたルールにすべて従っていたら
私は何者にもなっていなかったわ。

マリリン・モンロー
Marilyn Monroe

119

えらくなんかならなくてもいい、と私情では思う。
しかし、やっぱりえらくなるといいと思う。
えらくならしてやりたいとおもう。
えらくなくてはおいしいものもたべられないし、
つまらぬ奴にはいばられるし、こんな世の中、
えらくならなくてもいいような世の中だから
どうせつまらない世の中だから
えらくなって暮らす方がいいと思う。

岡本かの子
Okamoto Kanoko

自分を信じて。
勉強して、もっとよい世界を築こうという気持ちを忘れないで。

メアリー・マクロード・ベシューン
Mary McLeod Bethune

123

もし現状に不満を感じている人がひとりもいないとしたら
この世界がよりよいものになることは決してないでしょう。

フローレンス・ナイチンゲール
Florence Nightingale

この地球上のだれも未来に対してなんの計画も持っていないなんて
驚くほど異常なこと。
異常なことではあるのだけど、それが現実。

ガートルード・スタイン
Gertrude Stein

目の前の恐怖に立ち向かおうとするたびに
あなたに強さと勇気、自信が身についていくのです。
自分にはとてもできないと思うことをしなくてはならないのです。

エレノア・ルーズベルト
Eleanor Roosevelt

リスクを取ろう！
他人の意見なんて気にする必要はない。
この世で最も困難なことをすればいい。
自分らしくあれ。
現実を直視せよ。

キャサリン・マンスフィールド
Katherine Mansfield

127

世界を前進させる崇高な仕事は
完璧な人間でなければできないわけではない。

ジョージ・エリオット
George Eliot

ひとりひとりが向上しなければ世界は発展しない。
だからこそ、同時に最大限、人の力になることです。
そうすれば、人類共通の責任を果たすことができます。

マリ・キュリー／キュリー夫人
Marie Curie／Madame Curie

129

お金持ちになりたいとは思うけど
お金持ちになるためのことをしようとは
決して思えない。

ガートルード・スタイン
Gertrude Stein

第6章　人生

130

なりたかった自分になるのに、遅すぎることはない。

ジョージ・エリオット
George Eliot

私はもうもう私だけを信じて
自分の行く道を行ける所まで行って見様《みよう》と思ひます。

松井須磨子
Matsui Sumako

年齢なんて単なる思い込み。
こっちが無視すれば、あちらだって無視してくれる。

エラ・ウィーラー・ウィルコックス
Ella Wheeler Wilcox

死、納税、出産。
どれも都合のよいときには絶対に訪れてくれない！

マーガレット・ミッチェル
Margaret Mitchell

たくさんのことを見て、聞いて、感じることで
できることが多くなっていく。
すると、家庭や愛や信頼関係といった
私の根幹をなすかけがえのないものに対する感謝が
本物になっていったのです。

アメリア・メアリー・エアハート
Amelia Mary Earhart

人生は悟るのが目的ではないです。
生きるのです。人間は動物ですから。

岡本かの子
Okamoto Kanoko

人生の黄金期はあっという間に通りすぎる。
そのことを過ぎ去って初めて知るのだ。

ジョージ・エリオット
George Eliot

私は自分の過去も現在も愛している。
自分がやって来たことを恥じていないし
過ぎ去ったからと言って悲しむこともない。

シドニー＝ガブリエル・コレット
Sidonie-Gabrielle Colette

若いころにもっと困難を味わっていれば
もっと喜びに気づけていたはず。

クララ・シューマン
Clara Schumann

悲観、泣き言、不平、皮肉、非難、諦めなどに
心を分かつ大人があれば、
それは既に「若さ」を失い
老衰の域に入った兆候である。

与謝野晶子
Yosano Akiko

140

花のいのちはみじかくて
苦しきことのみ多かりき。

林芙美子
Hayashi Fumiko

若い人が美しいのは、自然のいたずら。
年をとっても美しいのは、まさに芸術。

エレノア・ルーズベルト
Eleanor Roosevelt

穏やかな凪《なぎ》のなかで学ぶほうがよいこともあれば
嵐のなかで学ぶほうがよいこともある。

ウィラ・キャザー
Willa Cather

どうしようもないほど絶望的な状況におかれ
言葉を失ってただただ苦しい表情を浮かべるしか
できないようなときにも
思わぬところでうれしい突破口の光が差す。

アメリア・メアリー・エアハート
Amelia Mary Earhart

144

人生が思い通りになるなんて、だれが言ったのでしょう。
私たちにできるのは
手に入れられるものをそのまま受け取り
それがそれ以下のものでないことに
感謝することだけです。

マーガレット・ミッチェル
Margaret Mitchell

この世界はあまりにも美しく
そして、あまりにもはやく潰《つい》えてしまう。
その幸福に満ちた笑い声と
激しい苦悶のあいだに立つ私の心は
切り裂かれてしまう。

ヴァージニア・ウルフ
Virginia Woolf

悲惨なことばかりくよくよ考えるのは、やめましょう。
あなたのまわりにまだ残っている
美しく素晴らしいもののことを考えれば、
きっと幸せな気持ちになれます。

アンネ・フランク
Annelies Frank

ロープのしっぽまで来てしまったら
結び目をつくって必死にしがみつくのです。

エレノア・ルーズベルト
Eleanor Roosevelt

分けのぼる道はよしかはるとも、
終《つい》には我も人もひとしかるべし。
色に迷ふ人は迷へ。情に狂ふ人は狂へ。
現世《げんせ》にて一歩天にちかづくとおのづからの天機にいざなはるる也。

（のぼっていく道のりはたとえ違っても、
最後にたどりつくところは、自分も人も同じだろう。
色に迷う人は迷えばいい。情に狂う人は狂えばいい。
この世で一歩でも天に近づけば、
自然と天が機会を与えてくれるだろう）

樋口一葉
Higuchi Ichiyō

他人の失敗から学びましょう。
自分ですべて経験できるほど
人は長生きできないのですから。

エレノア・ルーズベルト
Eleanor Roosevelt

わずらわしさを避けることでは
人生に安らぎを見出すことはできない。

ヴァージニア・ウルフ
Virginia Woolf

悲しみは風のようなもの。
あっという間にひゅーっとこちらへ吹きつけてくる。

マージョリー・キナン・ローリングス
Marjorie Kinnan Rawlings

ああ生きる事がこんなにむずかしいものならば、
いっそ乞食にでもなって、
いろんな土地土地を流浪して歩いたら
面白いだろうと思う。

林芙美子
Hayashi Fumiko

うららかな春はきびしい冬のあとから来る。
可愛い蕗《ふき》のとうは霜の下で用意された。

宮本百合子
Miyamoto Yuriko

静ですよ、私の世界は今、そしてこの静けさの底に
シンと落付いている力がある——
もちろん磐石《ばんじゃく》のような形のものではない、
むしろそんな毒々しい形をとらない
きちんとしたつつましい白金のような力強い繊維の束です。

岡本かの子
Okamoto Kanoko

清い懺悔《ざんげ》でその人の罪は許されましょう。
けれど一度犯した罪の事実は、
永久に消えるものではありません。

津田梅子
Tsuda Umeko

156

人はなにか望みを持たずに生きることはできない。

マーガレット・デランド
Margaret Deland

平穏無事な生活に浸《ひた》ってしまうと、
人間はそこにはない刺激を求めてしまうもの。

シドニー＝ガブリエル・コレット
Sidonie-Gabrielle Colette

158

年々にわが悲しみは深くして
いよよ華やぐいのちなりけり。

岡本かの子
Okamoto Kanoko

「若さ」の前に不可能もなければ、陰影も無い、
それは一切を突破する力であり、
一切を明るくする太陽である。

与謝野晶子
Yosano Akiko

未来は、自分の夢の素晴らしさを信じる人にのみ訪れるものです。

エレノア・ルーズベルト
Eleanor Roosevelt

女を磨く161の言葉

発行日　2017年11月10日　第1刷

Author	ディスカヴァー・クリエイティブ
Book Designer	平林奈緒美 + 星野久美子 (PLUG-IN GRAPHIC)
Publication	株式会社ディスカヴァー・トゥエンティワン 〒102-0093　東京都千代田区平河町2-16-1平河町森タワー11F TEL　03-3237-8321 (代表) FAX　03-3237-8323 http://www.d21.co.jp
Publisher	干場弓子
Editor	大竹朝子+木下智尋（編集協力：鹿児島有里）
Marketing Group Staff	小田孝文　井筒浩　千葉潤子　飯田智樹　佐藤昌幸　谷口奈緒美　古矢薫　蛯原昇　安永智洋　鍋田匠伴　榊原僚　佐竹祐哉　廣内悠理　梅本翔太　田中姫菜　橋本莉奈　川島理　庄司知世　谷中卓　小田木もも
Productive Group Staff	藤田浩芳　千葉正幸　原典宏　林秀樹　三谷祐一　大山聡子　堀部直人　林拓馬　塔下太朗　松石悠　渡辺基志
E-Business Group Staff	松原史与志　中澤泰宏　中村郁子　伊東佑真　牧野類
Global & Public Relations Group Staff	郭迪　田中亜紀　杉田彰子　倉田華　鄧佩妍　李瑋玲
Operations & Accounting Group Staff	山中麻吏　吉澤道子　小関勝則　西川なつか　奥田千晶　池田望　福永友紀
Assistant Staff	俵敬子　町田加奈子　丸山香織　小林里美　井澤徳子　藤井多穂子　藤井かおり　葛目美枝子　伊藤香　常徳すみ　鈴木洋子　内山典子　石橋佐知子　伊藤由美　押切芽生　小川弘代　越野志絵良　林玉緒
Proofreader & DTP	アーティザンカンパニー株式会社
Printing	株式会社厚徳社

ISBN978-4-7993-2174-4

Agnes Smedley
アグネス・スメドレー（1892 - 1950）
アメリカのジャーナリスト。中国大陸の近代事情に通じていた。第一次世界大戦中には、ドイツ政府からの経済援助を受けて、イギリス領だったインドの独立運動に携わるほか、女性の人権や、避妊など幅広いテーマで活動。ソ連崩壊後にコミンテルンの工作員であったことが判明。ソ連のスパイが日本で諜報活動を行っていたゾルゲ事件で死刑となった尾崎秀実とも交友があり、事件との関連が疑われた。

Amelia Mary Earhart
アメリア・メアリー・エアハート（1897 – 1937）
アメリカの飛行士。女性として初の大西洋単独横断飛行を成功させた。知的でチャーミングな人柄で、当時から現在まで絶大な人気を誇る。また、エアハートは自身の体験を通じ、女性の地位向上のために熱心な活動を行なった。1937年、赤道上世界一周飛行に挑戦するが、南太平洋で行方不明となった。

Anna Pavlovna Pavlova
アンナ・パヴロヴナ・パヴロワ（1881 – 1931）
20世紀を代表するロシアのバレリーナ。彼女が踊って話題となった小品は『瀕死の白鳥』と名付けられ、パヴロワの代名詞となった。バレエ公演で世界中を巡演した最初のバレリーナでもある。

Anne Dudley Bradstreet
アン・ブラッドストリート（1612 – 1672）
イギリス生まれのアメリカの詩人。彼女の書いた詩が1650年にロンドンで出版されたことで、著書が出版された最初の「イギリス生まれの新天地アメリカの作家」となった。米文学史上、最初のピューリタン作家。

Anne Frank
アンネ・フランク（1929 – 1945）
『アンネの日記』の著者として知られるユダヤ系ドイツ人の少女。ヒトラーのユダヤ人迫害から逃れるため一家で隠れ家に暮らしている間につけていたアンネの日記が戦後発見され、唯一生き延びた父オットーは娘アンネの「戦争と差別のない世界になってほしい」という思いを全世界に伝えるため、日記の出版を決意した。この日記は60以上の言語に翻訳され、2500万部を超える世界的ベストセラーになった。

Artemisia Lomi Gentileschi
アルテミジア・ロミ・ジェンティレスキ（1593 – 1652）
イタリアの画家。カラヴァッジオ派の画家の父のもと、際立った才能を発揮。当時は女性の芸術院入会が認められず、絵画の個人指導を受けていた教授から性的暴行を受け、訴訟へ発展。この悲劇にも屈せず、後にフィレンツェで成功を収めた。メディチ家やクリスティナ大公妃の知己を得、またガリレオ・ガリレイとの手紙のやりとりもあった。代表作「ユディトとその侍女」「眠れるヴィーナス」など。

Clara Schumann

クララ・シューマン（1819－1896）

ドイツのピアニスト、作曲家。ピアノ曲「トロイメライ」で有名なロベルト・シューマンの妻であり、ヨハネス・ブラームスの音楽人生を終生支えた女性。ピアニストとしても優れた才能を発揮し、〝コンサートを暗譜で演奏する習慣〞を作ってしまったピアニストでもある。

Dorothy Dix

ドロシー・ディックス（1861－1951）

アメリカのジャーナリスト、コラムニスト。今日のコラムニストの先駆者で、ディックスは当時最も高額報酬で書き、世界中で最も広く読まれていた。6000万人の読者を持っていたとされる。

Édith Piaf

エディット・ピアフ（1915－1963）

フランスの国民的シャンソン歌手。憂いを含んだ切ない声による痛切なバラードでが特徴で、その悲劇的な生涯を反映していた。代表曲は「La vie en rose（ばら色の人生）」、「Hymne à l'amour（愛の讃歌）」など。

Eleanor Roosevelt

エレノア・ルーズベルト（1884－1962）

アメリカ第32代大統領フランクリン・ルーズベルトのファーストレディ、人権活動家、世界人権宣言の起草者、婦人運動家、文筆家。

夫がポリオに罹患して政治活動を断念しようとしたときは、政治こそが精神的に立ち直るために必要であると励まし、政治に復帰する原動力となったほか、ホワイトハウス時代の12年間、エレノアは夫の政策に対して大きな影響を与えた。ルーズベルト政権の女性やマイノリティに関する進歩的政策は、ほとんどがエレノアの発案によるもの。「人権擁護の象徴」として、リベラル・アメリカのスターだった。

Elizabeth Kenny

エリザベス・ケニー（1880 – 1952)

オーストラリアの小児麻痺研究家。1912年にオーストラリアの奥地で看護婦として働きはじめ，1915-19年には従軍看護隊に入隊。ギプスや副木で動かさないようにするより、筋力トレーニングによって小児麻痺を治療する新しい技術を開発。オーストラリア、イギリス、アメリカのミネアポリスに診療所を開設し、その技術を普及して回った。

Elizabeth I

エリザベス１世（1533 – 1602)

イングランドとアイルランドの女王（在位：1558 – 1603)。政略結婚をせずに生涯独身を通し、「Virgin Queen（処女王)」と呼ばれる。1588年のスペイン無敵艦隊に対する勝利により、英国史における最も偉大な勝利者として知られることになった。エリザベスはこの当時の世界においてカリスマ的な実行者、そして粘り強いサバイバーとして知られ、王国に好ましい安定をもたらし、国民意識を作り出すことになった。

Ella Wheeler Wilcox
エラ・ウィーラー・ウィルコックス（1850 – 1919）
アメリカの女性作家、詩人。「Poems of Passion（情熱の詩）」「Solitude（孤独）」で知られる。平明な文章で、快活・楽観的な感情を表現して愛される詩人で、ウィルコックスの言葉「愛は憎しみが消すよりも多くの火を燃やす」がサンフランシスコ市ジャック・ケルアック・アレー（シティライツ書店の隣）の舗道石に刻まれている。

Ellen Glasgow
エレン・グラスゴー（1873 – 1945）
アメリカの女性小説家、ピューリッツァー賞受賞。感傷を排し南北戦争前から現代までの南部の社会的変化、風俗をリアリスティックな目でとらえた、地方主義文学者のなかでは最も偉大なリアリズム作家のひとり。不屈の女性を描いた『不毛の地』、『鉄の鉱脈』、ピュリッツアー賞受賞の『このわれらの生に』など。

Florence Nightingale
フローレンス・ナイチンゲール（1820 – 1910）
英国の看護師、社会起業家、統計学者、看護教育学者。近代看護教育の母。病院建築でも非凡な才能を発揮した。クリミア戦争での負傷兵たちへの献身や統計に基づく医療衛生改革で著名。

George Eliot

ジョージ・エリオット（1819 – 1880）

イギリス・ヴィクトリア朝を代表する作家のひとり。心理的洞察と写実性に優れた作品を発表した。『アダム・ビード』『サイラス・マーナー』『ミドルマーチ』など。特に『ミドルマーチ』は後世のヴァージニア・ウルフによって賞賛され、マーティン・エイミスやジュリアン・バーンズによって「英語で書かれた最高の小説」のひとつに数えられている。

George Sand

ジョルジュ・サンド（1804 – 1876）

フランスの作家。27歳で小説『アンディアナ』で文壇に華々しくデビュー。71歳で亡くなる直前まで執筆活動を続け、多数の中・長篇小説、短篇、劇作、エッセイ、書簡集を残した。男装の麗人として社交界の華となり、恋多き女だったサンドに、天才作曲家ショパンも激しい恋に落ちたといわれている。

Gertrude Stein

ガートルード・スタイン（1874 – 1946）

アメリカの著述家、詩人、美術収集家。美術収集で知られるスタイン兄妹のひとりで、パリに画家や詩人たちが集うサロンを開いていたことでも知られる。そこに集まる芸術家たちと交流する中で、現代芸術と現代文学の発展のきっかけを作った。また、ヘミングウェイやフィッツジェラルドら「ロスト・ジェネレーション（失われた世代）」の名付け親でもある。

Hani Motoko
羽仁もと子（1873 – 1957）
日本のジャーナリスト。明治女学校を卒業後、故郷青森の教師を経て、報知新聞で女性初の新聞記者として活躍。同僚だった吉一と結婚し、1903年、二人で新婚生活の中から題材を得て、婦人誌『家庭之友』（『婦人之友』の前身）を創刊。数年後、独立して婦人之友社を設立。家計簿を考案し、女性が自分の才覚で家を切り盛りすることを推進した。1921年に自由学園を創立。生活と結びついた教育で、大正デモクラシー期における自由教育運動の象徴となった。

Hayashi Fumiko
林芙美子（1903 – 1951）
小説家。貧しかった生い立ちからか、底辺の庶民を慈しむように描いた作品に、ことに名作がある。戦中戦後の文壇で活躍、庶民の哀歓を描きつづけた。『放浪記』『浮雲』『めし』など。

Helen Rowland
ヘレン・ローランド（1876 – 1950）
アメリカのジャーナリスト、コラムニスト。長年「サンデイ・プレス」紙のコラム「Reflections of a Bachelor Girl（独身女性の覚え書き）」に寄稿。ウィットに富んだ文章から、「アメリカのバーナード・ショー」とも呼ばれるようになった。的を射た洞察は書籍としてまとめられた。『Reflections of a Bachelor Girl（独身女性の覚え書き）』『The Rubáiyát of a Bachelor（独身女性のルバイヤート［4行詩］）『and A Guide to Men（殿方のためのガイド）』。

Higuchi Ichiyō

樋口一葉（1872 – 1896）

小説家。生活に苦しみながら、『たけくらべ』『にごりえ』『十三夜』といった秀作を発表、文壇から絶賛される。わずか1年余りでこれらの作品を生み出し、「奇跡の14カ月」と言われる。24歳6カ月で肺結核により死去。没後発表された『一葉日記』も高い評価を受けている。2004年から五千円札の肖像となった。女性としては明治時代の政府紙幣の神功皇后以来２人目。

Ida B. Wells

アイダ・B・ウェルズ（1862 – 1931）

アメリカの黒人女性ジャーナリスト。女性解放運動家。教師から後にジャーナリストになり、黒人の差別撤廃、地位向上、市民権運動と幅広い活動を続けた。1990年にはアメリカで記念切手にもなった。

Isak Dinesen

アイザック・ディネーセン（1885 – 1962）

20世紀デンマークを代表する小説家。2009年までデンマークの50クローネ紙幣の肖像にもなっていた。デンマーク語と英語の両方で執筆し、デンマーク語版は本名のカレン・ブリクセン名義、英語版はペンネームのアイザック・ディネーセン名義で作品を発表した。『アフリカの日々』『七つのゴシック物語』など、アフリカのケニアでコーヒー農園を経営した体験をもとにした長篇のエッセイや、民話などに基づいた、のちのマジック・リアリズムを彷彿とさせる幻想と民間伝承や信仰、歴史の伝統を感じさせる物語集で知られる。

Ito Noe

伊藤野枝（1895 – 1923）

婦人解放運動家、無政府主義者、作家。雑誌「青鞜」で活躍。不倫を堂々と行い、結婚制度を否定する論文を書き、戸籍上の夫である辻潤を捨てて大杉栄の妻、愛人と四角関係を演じた。世評にわがまま、奔放と言われた反面、現代的自我の精神を50年以上先取りして、人工妊娠中絶（堕胎）、売買春（廃娼）、貞操など、今日でも問題となっている課題をテーマに、多くの評論、小説や翻訳を発表した。甘粕事件で憲兵に殺害され、無残な死を遂げた。

Jane Austen

ジェーン・オースティン（1775 – 1817）

イギリスの小説家。18世紀〜19世紀イングランドにおける田舎の中流社会を舞台に、女性の私生活を結婚を中心として皮肉と愛情を込めて描き、その作品は近代イギリス長篇小説の頂点とみなされている。『分別と多感』『高慢と偏見』『エマ』『マンスフィールド・パーク』『ノーサンガー・アビイ』『説得』など。とくに『高慢と偏見』は何度も映画化され、また現代作家によるオマージュ作品も多数。

Kaneko Fumiko

金子文子（1903 – 1926）

社会運動家。過酷な生い立ちから人間平等の思想に目覚め、命がけで朝鮮人との連帯を守り、日韓の架け橋となった。

Katherine Mansfield

キャサリン・マンスフィールド（1888 – 1923）

ニュージーランド出身の作家。「意識の流れ」を重視した作家のひとり。中流階級の家庭に起きるささいな事件とそれにまつわる人間心理の機微を描いて高く評価されている。その描写には作家本人の孤独、疾病、嫉妬が反映されていると共に、アントン・チェーホフの影響が強い。短篇「ガーデン・パーティ」「一杯のお茶」など。

Louisa May Alcott

ルイーザ・メイ・オルコット（1832 – 1888）

アメリカの小説家。1868年に書かれた『若草物語』で知られる。奴隷制廃止論者、フェミニストでもあったオルコットは、後年、女性参政権を主張し、生まれ育ったマサチューセッツ州コンコードで初めての投票権をもつ女性となった。

Margaret Deland

マーガレット・デランド（1857 – 1945）

アメリカの作家。出世作『牧師ジョーン・ワード』は、宗教上の保守思想と自由思想の葛藤を描いた。『ヘレナ・リチーのめざめ』は最も成功した小説で、利己的な女の精神的、倫理的成長を扱った。その他の作品に短篇「オールド・チェスター物語」「ラヴェンダー博士の教区民」などがある。

Margaret Mitchell
マーガレット・ミッチェル（1900 – 1949）
アメリカの小説家。長篇小説『風と共に去りぬ』で知られる。同書は1936年6月に出版されるや驚異的な成功を収め、同年のクリスマスには100万部を突破、1年後には150万部に達した（一時は1日に5万冊を売り上げ、聖書を超える世界的ベストセラーとなった)。数年間のうちにフランスや日本など30カ国語に翻訳された。同年にピューリッツァー賞を受賞した。3年後の1939年にはデビッド・O・セルズニックによって映画化され、これも大ヒットした。

Marie Curie ／ Madame Curie
マリ・キュリー ／ キュリー夫人（1867 – 1934）
現在のポーランド（ポーランド立憲王国）出身の物理学者・化学者。放射線の研究で、1903年に女性初のノーベル賞受賞となる物理学賞、1911年にノーベル化学賞を受賞し、パリ大学初の女性教授職に就任。

Marilyn Monroe
マリリン・モンロー（1926 – 1962）
アメリカの女優、モデル。1962年に謎の死を遂げるまで、主役クラスの出演はわずか10年ほどだったが、ヒップをセクシーに振って歩くモンローウォークなど人々の記憶に鮮烈な印象を刻んだ。『ナイアガラ』『紳士は金髪がお好き』『百万長者と結婚する方法』『七年目の浮気』など。

Marjorie Kinnan Rawlings
マージョリー・キナン・ローリングス（1896 – 1953）
アメリカの作家。弱冠11歳で「ワシントン・ポスト」に短篇が掲載されたが、本格的な作家デビューに苦戦。田舎の農場で「小説の声」が聞こえたことをきっかけに、フロリダ辺境の地方小説を確立した。『子鹿物語』はピューリッツァー賞を受賞し、映画にもなり、名作古典として読み継がれている。

Mary Johnston
メアリー・ジョンストン（1870 – 1936）
アメリカの作家、歴史上の出来事を題材にした恋愛小説を数多く出し、ベストセラー作家になった。「ニューヨークタイムズ」のベストセラー・リストにランクインした初の女性作家。女性の権利向上に献身した。

Mary McLeod Bethune
メアリー・マクロード・ベシューン（1875 – 1955）
アメリカの教育者。市民権活動家。かつて奴隷だった両親のもとに生まれ、苦学して教師となる。教育が黒人の地位向上につながると信じて、ベシューン-クックマン大学の前身となる学校を創立。また、マイノリティ問題においても活躍。特にルーズベルト政権下での黒人、女性、児童問題についての政策におおいに貢献した。

Matsui Sumako
松井須磨子（1886 – 1919）
新劇女優。1909年に「文芸協会演劇研究所」の第1期生となり、1913年には、島村抱月と共に「芸術座」を旗揚げ。トルストイ原作『復活』のカチューシャ役で高い評価を得て、人気女優となる。また彼女が歌った同劇の主題歌「カチューシャの唄」は、当時2万枚以上を売り上げる大ヒットとなり、日本初の「歌う女優」と呼ばれる。

Miyamoto Yuriko
宮本百合子（1899 – 1951）
小説家。弱冠17歳で『貧しき人々の群』を坪内逍遥の推薦で「中央公論」に発表、天才少女として注目される。1918年アメリカ遊学中に結婚するが、帰国後に離婚。その顛末を骨子とした『伸子』を完成。その後、湯浅芳子とともにソビエトへ旅立ち、西ヨーロッパ諸国も旅行。帰国後、日本プロレタリア作家同盟に加盟、日本共産党に入党。検挙され、執筆を禁止されながら戦いつつ、戦後中野重治らと新日本文学会を組織。『播州平野』、『風知草』などの小説を書くかたわら、多くの評論随筆を発表し、文芸運動や婦人運動に活躍した。

Niijima Yae
新島八重（1845 – 1932）
同志社大学を興した新島襄の妻。生地会津藩が迎えた幕末の戊辰戦争では、断髪・男装で銃を持ち新政府軍を相手に奮戦し、後に「幕末のジャンヌ・ダルク」と呼ばれる。西洋での生活が長い襄を支え、同志社大学設立に協力した。日清・日露戦争では篤志看護婦となる。

Okamoto Kanoko

岡本かの子（1889 – 1939）

大正、昭和期の小説家、歌人、仏教研究家。漫画家岡本一平と結婚し、芸術家岡本太郎を生んだ。小説家として実質的にデビューをしたのは晩年であったが、生前の精力的な執筆活動から、死後多くの遺作が発表された。耽美妖艶の作風を特徴とする。私生活では、夫一平と「奇妙な夫婦生活」を送ったことで知られる。『母子叙情』『老妓抄』『生々流転』など。

Rosa Luxemburg

ローザ・ルクセンブルク（1871 – 1919）

20世紀初めの革命家。ポーランドに生まれドイツで活動した、社会主義者でマルクス主義者。ヴィルヘルム2世治世下のドイツで革命を夢見て、ルクセンブルクは信条のため、たゆまぬ活動をするが、ポーランドとドイツで繰り返し投獄され、恋人にも同志にも裏切られる。強い意志を持つリーダーであったが、第一次世界大戦後の1919年に暗殺された。

Sidonie-Gabrielle Colette

シドニー＝ガブリエル・コレット（1873 – 1954）

フランスの女性作家。コレット（Colette）というペンネームで活躍した。「性の解放」を叫び、同性も対象とした華麗な恋愛遍歴で有名。『ジジ』『青い麦』など。

Souma Kokkou

相馬黒光（1876 – 1955）

夫の相馬愛蔵とともに新宿中村屋を起こした実業家、社会事業家。勤め人を嫌った愛蔵の意向で、東京の小さなパン屋中村屋を従業員ごと買い取る。クリームパンの発明をはじめ、中華饅頭、月餅、インド式カリー等新製品の考案、喫茶部の新設など事業を展開する一方、絵画、文学等のサロンをつくり、荻原碌山、中村彝、高村光太郎、戸張弧雁、木下尚江、松井須磨子、会津八一らに交流の場を提供し、「中村屋サロン」と呼ばれた。中国の魯迅、ロシアの盲目の詩人エロシェンコなど、海外の文化人も出入りした。

Sylvia Plath

シルヴィア・プラス（1932 – 1963）

アメリカの詩人、小説家、短篇作家。1960年、初めての詩集『The Colossus』を発表、詩人としての揺るぎない地位を獲得するが、1963年30歳で自殺。死の直前に公刊された『ベル・ジャー』は半自伝的小説で、孤独や疎外感、自尊心の間で揺れ動く心情を表現しており、『キャッチャー・イン・ザ・ライ』の女の子版とも称される。告白詩というジャンルを開拓した詩人として評価されている。

Takamura Chieko

高村智恵子（1886 – 1938）

洋画家、紙絵作家。夫は彫刻家・詩人の高村光太郎。夫の光太郎が彼女の死後に出版した詩集『智恵子抄』でも知られる。平塚らいてうが創刊し、婦人問題のシンボルともなった月刊誌「青踏」の創刊号表紙絵も手がけた。

Takamure Itsue

高群逸枝（1894 – 1964）

詩人。アナーキスト。男性中心史観へ闘いを挑んだ日本初の女性史家。『高群逸枝全集』は高群のプロデューサーにして夫、橋本憲三が、高群の死後にまとめたもの。

Tamura Toshiko

田村俊子（1884 – 1945）

小説家。代表作『木乃伊の口紅』、『炮烙の刑』など。官能的な退廃美の世界を描き、人気を得た。没後、女性作家の優れた作品に贈られる田村俊子賞が創設された（1977年で終了）。

Tsuda Umeko

津田梅子（1864 – 1929）

教育者、女子英学塾（現在の津田塾大学）を設立した女子教育の先駆者。1871年、6歳のときに最年少の女子留学生として岩倉使節団に随行して渡米。留学中にヘレン・ケラー、イギリスでナイチンゲールと面会。日本女性のための高等教育に尽くす決意を固める。

Uemura Shoen

上村松園（1875 – 1949）

日本画家。1948年女性初の文化勲章受章。女性の目で「美人画」を描き、代表作は「序の舞」「母子」で、いずれも重要文化財となっている。

Virginia Woolf
ヴァージニア・ウルフ（1882 – 1941）
イギリスの20世紀モダニズム文学の主要作家。小説家、評論家としての活動のほか、夫と経営する出版社で同時代の才能ある作家を多く紹介した。ロンドン文学界の重要な人物であり、ブルームズベリー・グループの一員であった。代表作に『ダロウェイ夫人』、『灯台へ』『オーランドー』『波』などの小説。「女性が小説を書こうとするなら、お金と自分だけの部屋を持たなければならない」という主張で知られる評論『A Room of One's Own（自分だけの部屋）』など。

Willa Cather
ウィラ・キャザー（1873 – 1947）
20世紀初めのアメリカを代表する作家。開拓時代を描き出した作品は、多彩な人物描写とともに、繊細でダイナミックな情景描写が特徴。高校教師を経て、ニューヨークで雑誌編集者をしながら創作に励み、やがて小説家となった。1923年、One of Oursで女性初のピューリッツァー賞を受賞。『おお、開拓者たちよ』『マイ・アントーニア』など。

Yosano Akiko
与謝野晶子（1878 – 1942）
歌人、作家、思想家。夫は詩人の与謝野鉄幹。雑誌「明星」に短歌を発表しロマン主義文学の中心的人物となった。女性が自己鍛錬・自己修養し、人格陶冶すべしという、英米思想的な個人主義による女性の自立を説いた。数学が得意で、女性も自然科学を学ぶべきと主張した。代表作『みだれ髪』など。

Zora Neale Hurston
ゾラ・ニール・ハーストン（1891 – 1960）
アメリカの黒人女性作家。フロリダ生まれ。アメリカ南部からジャマイカ、ハイチなどへ、アフロ・アメリカンの民話や民謡（フォークロア）を集めてまわった民俗学者。『彼らの目は神を見ていた』は南部のフォークロアをふんだんに盛り込んだ美しい小説。他のアフリカ系知識人を「黒人めそめそ派（the sobbing school of Negrohood）」と呼び、「われわれは民主主義の火薬庫（arsenal）とならねばならない」と言ったルーズベルト大統領を「民主主義のけつの穴か何か（arse-and-all）と言ったのかと思った」とこき下ろした辛辣なエッセイスト。短篇「スパンク」、長篇『ヨナのとうごまの蔓』など。

161

明日は明日の風が吹く。

マーガレット・ミッチェル
Margaret Mitchell